SMART COOKIE KID

For 3 - 4 year olds

Mary Khalil
Baha Kodir

序文

この発達ワークブックには、お子様の注意力、集中力、多元的知能、視覚的記憶、運動能力、批判的思考、学習能力、問題解決力、創造性などを高めるために設計された、さまざまな魅力的な演習が含まれています。　最適な結果を得るために、お子様には大人の指導の下、これらのアクティビティを順番に定期的に実行することをお勧めします。　この面白くて注意力を高める本のすべての演習には、明確な指示が付いています。　各エクササイズに特定の時間制限はありません。　　最も重要なことは、お子様が問題を解決したり、新しいスキルを学んだりしながら、楽しんで注意を集中できることです。お子様がアクティビティ中に指示がわかりにくいと感じた場合は、シンプルで共感できる説明や例を示して、その混乱を明確にすることが重要です。　　お子様が練習を無事に完了したときに、言葉で積極的に励ますことは、お子様のやる気を引き出す優れた方法です。　たとえば、「素晴らしい仕事をしていますね!」と言うことができます。　または「あなたは信じられないほど素晴らしいです！」

　この本には、特に子供たちの想像力を魅了するよう、注意深く専門知識を駆使して作成された楽しいイラストが掲載されています。これらの優しい芸術作品は、プロのアーティストの才能の結晶です。

　さらに、保護者が家で子供たちと質の高い絆を深められる時間を提供するために、楽しいゲーム ページも追加しました。　これらの楽しいゲームは、きっと思い出に残る瞬間を生み出し、あなたと小さなお子様との強いつながりを育むでしょう。

どのシンボルがコンパスに似ているかを見つけてマークします。

絵をペイントし、両面が同じ色であることを確認してください。

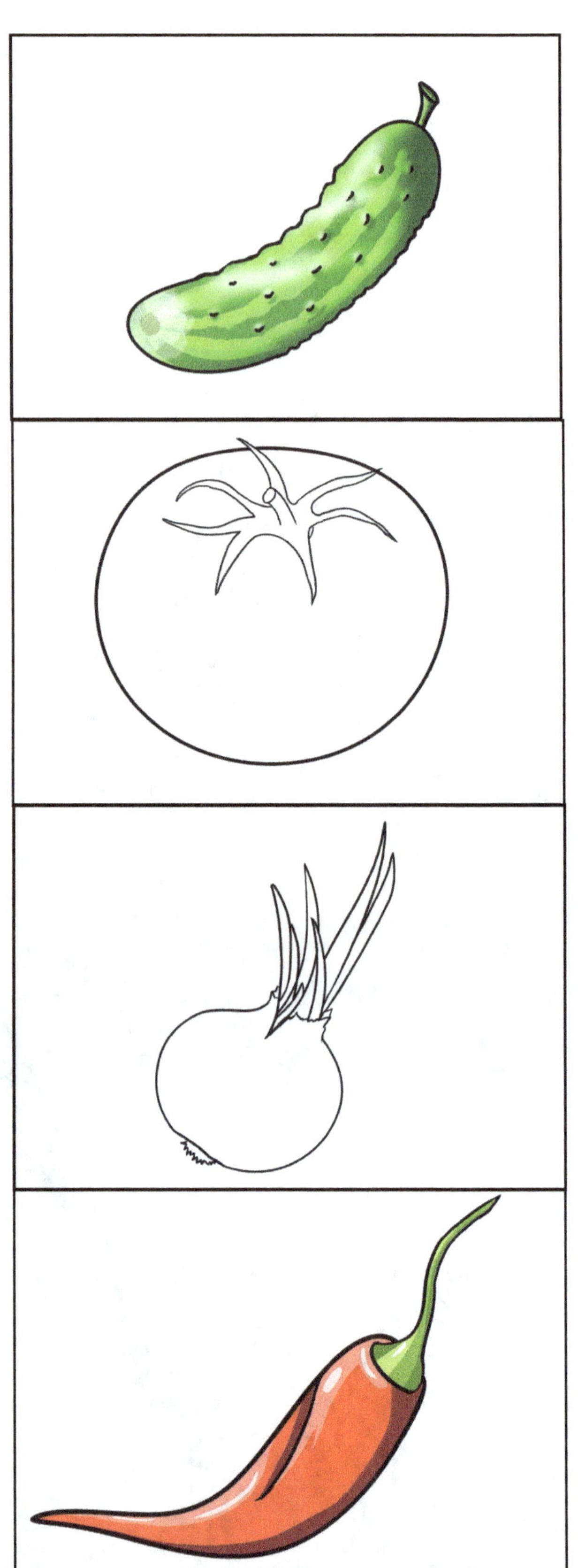

アーティストが描いた絵の不要な部分を見つけます。

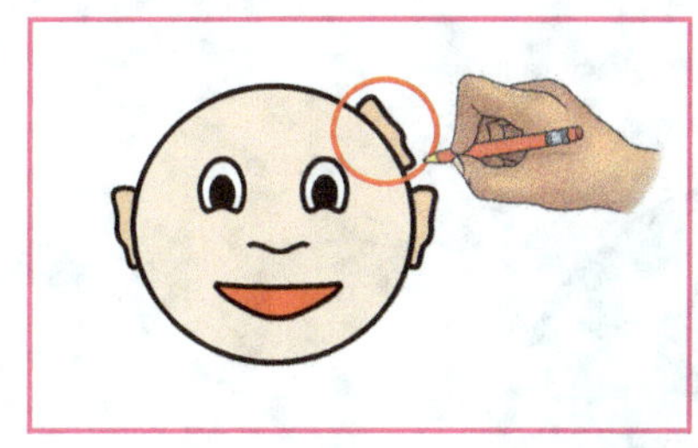

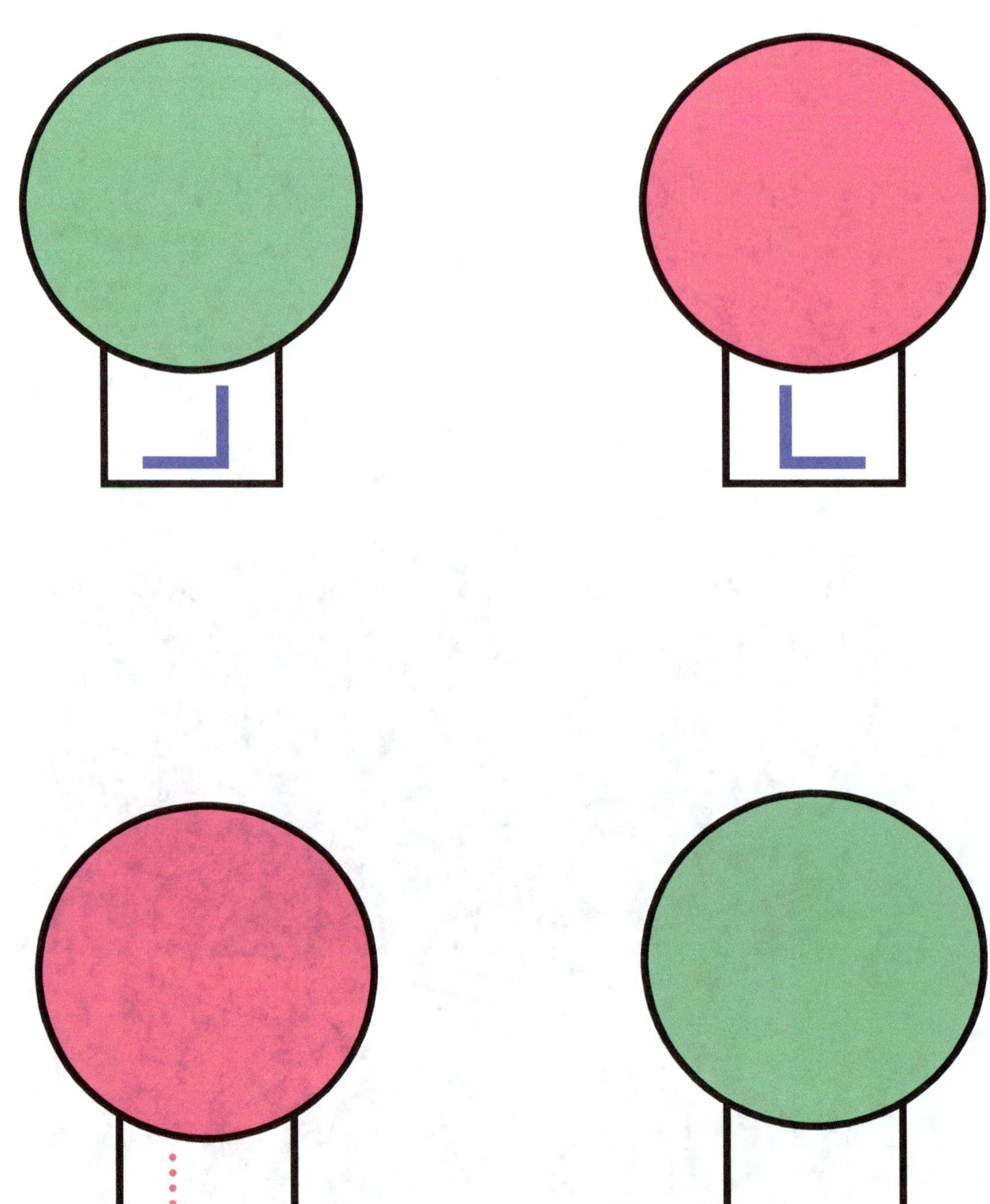

動物たちを　　つのグループに分けて輪の中に入れます。

女の子が演奏している楽器を見つけてください

なぞなぞを見つけて描きましょう。

色は黄色で、
味は酸っぱい
です。

どの帽子が順番に空白の場所に来るかを見つけてマークします。

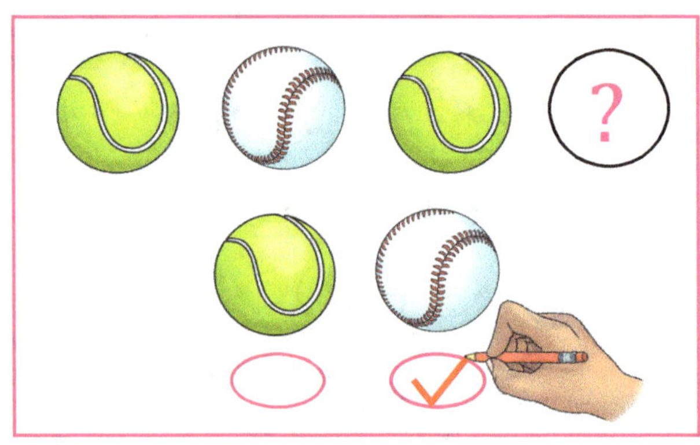

水の反射がどのイヤホンのものかを見つけてマークします。

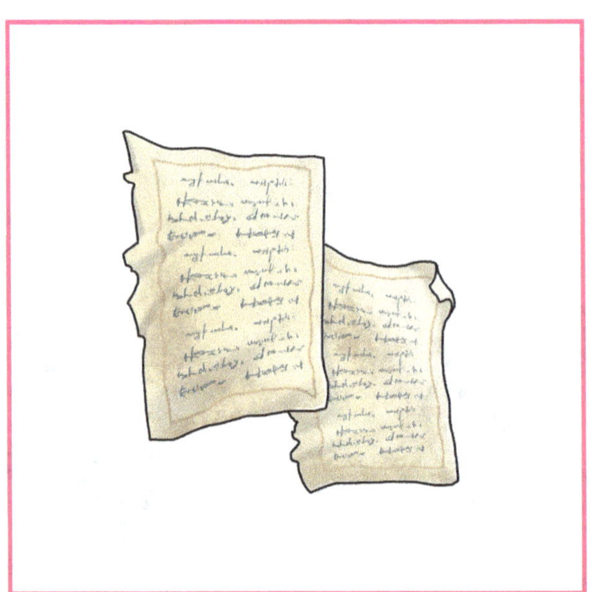

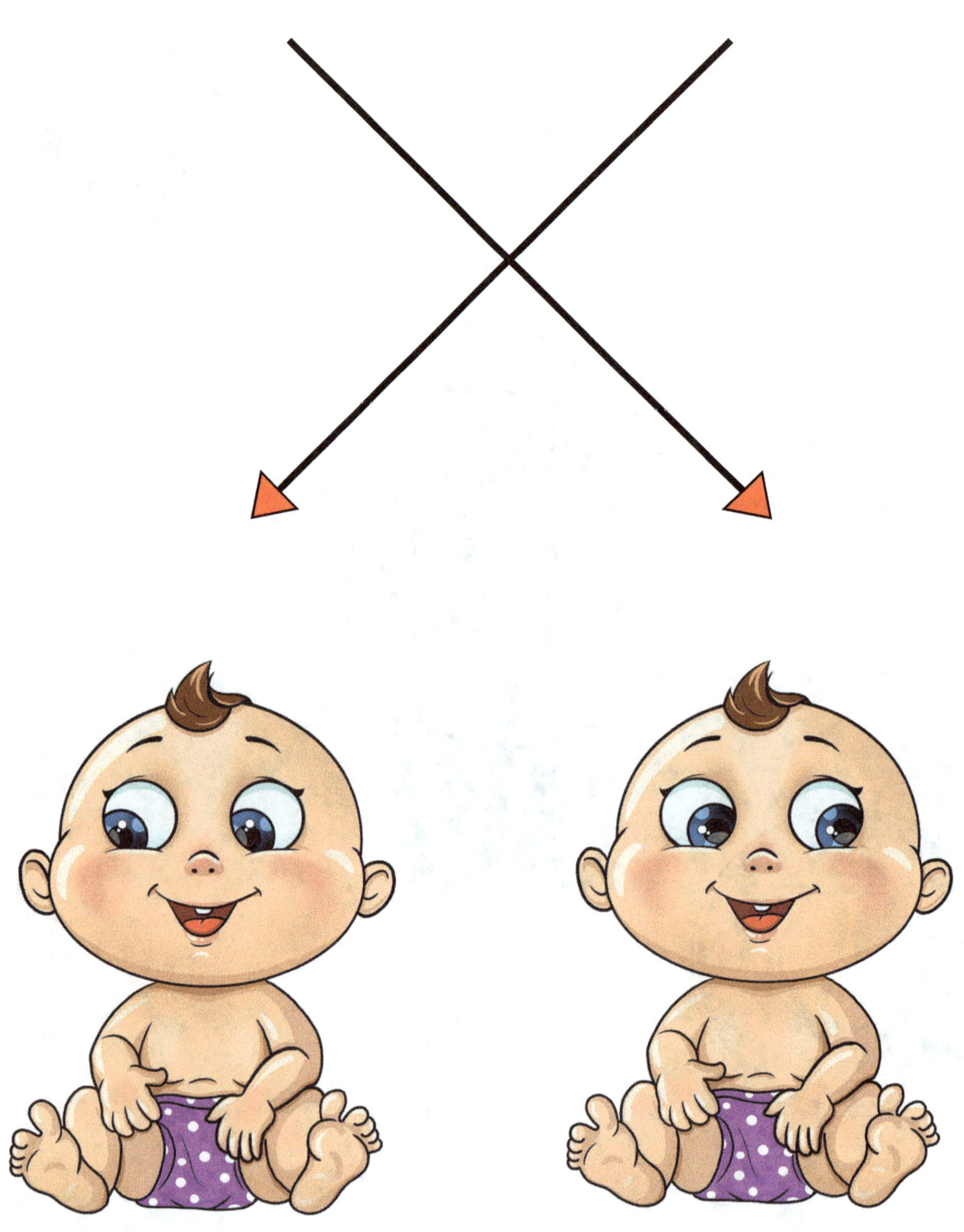

写真をよく見て、次のページに進んでください。

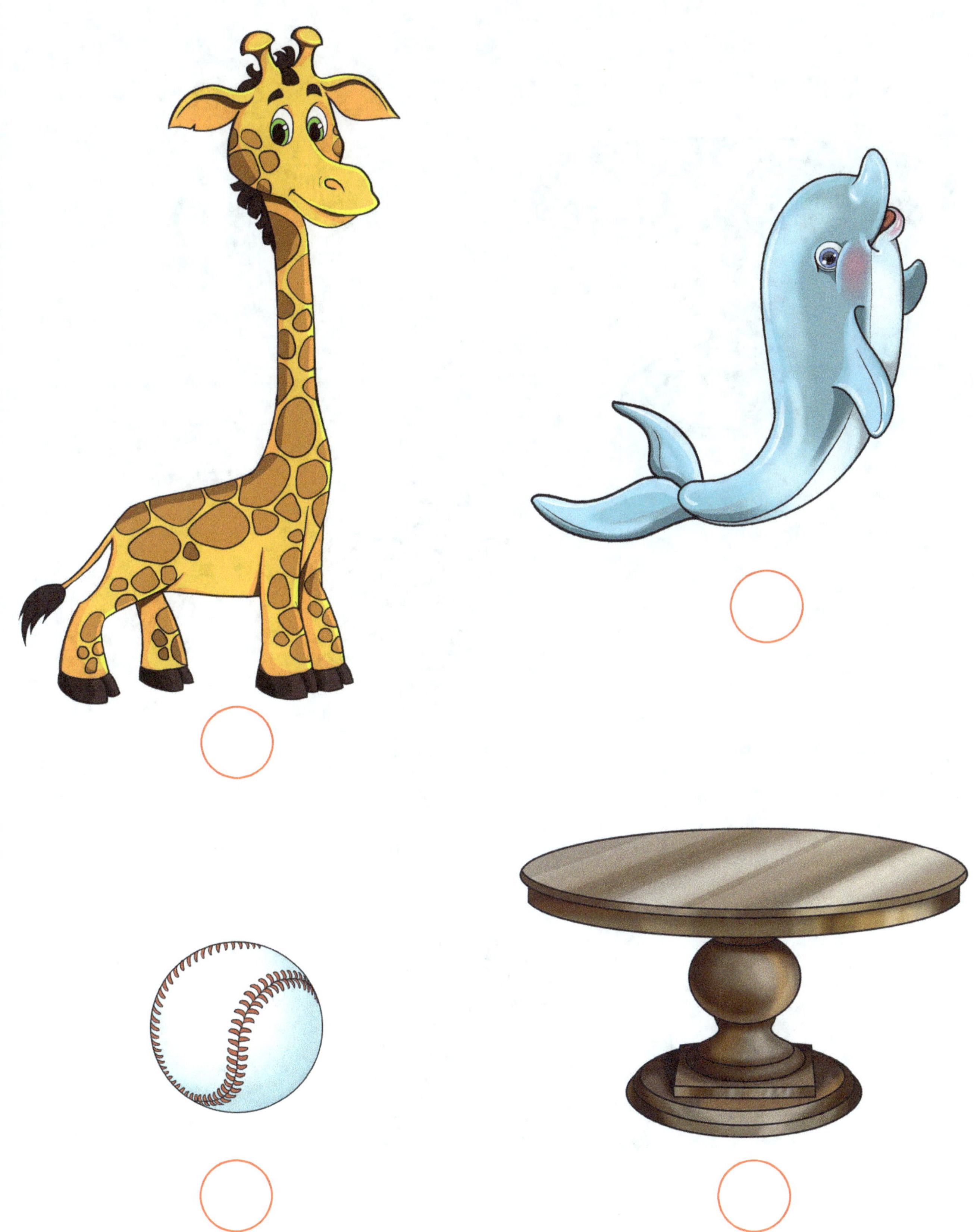

前のページを思い出して、紛失したものに印を付けて伝えてください。

危険なものを見つけてマークします。

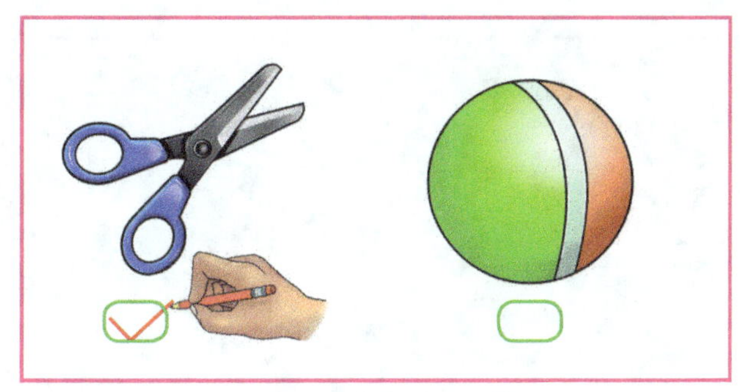

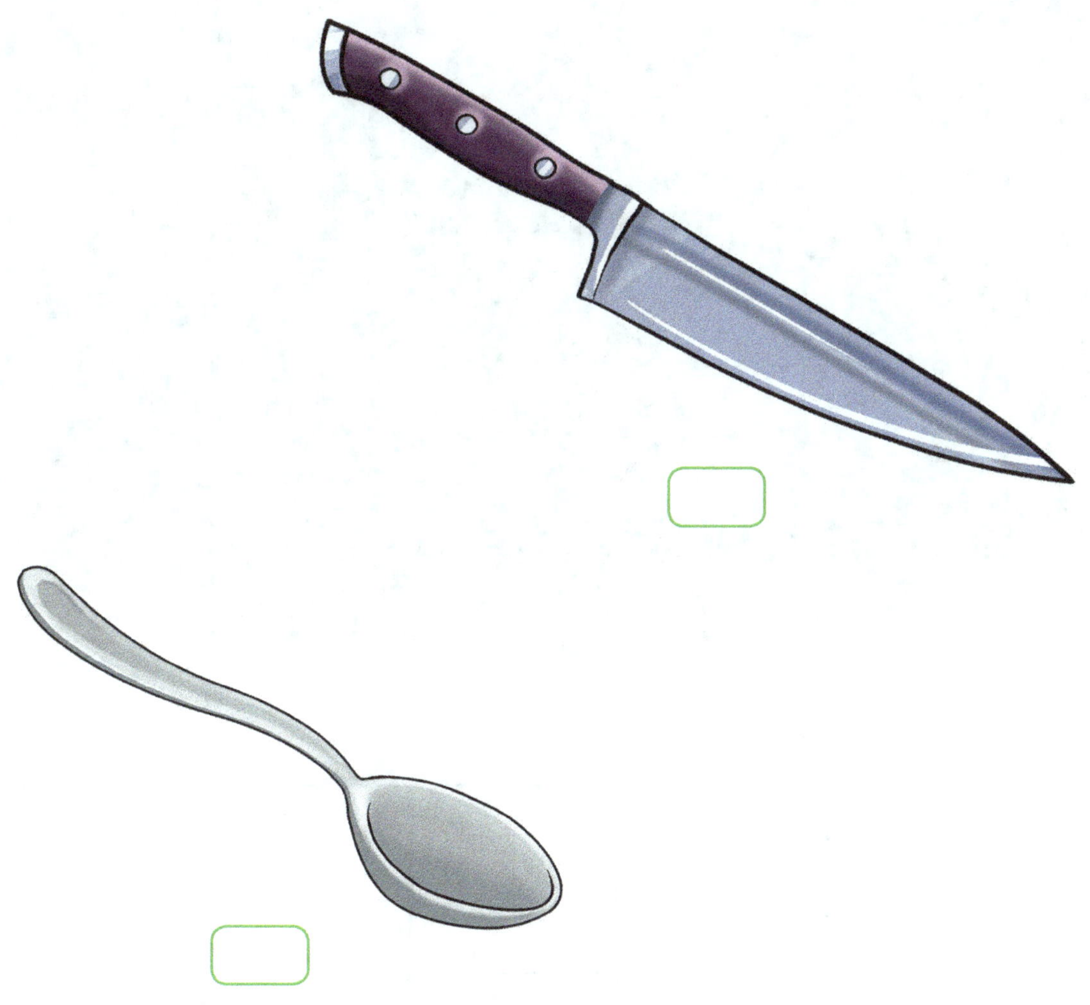

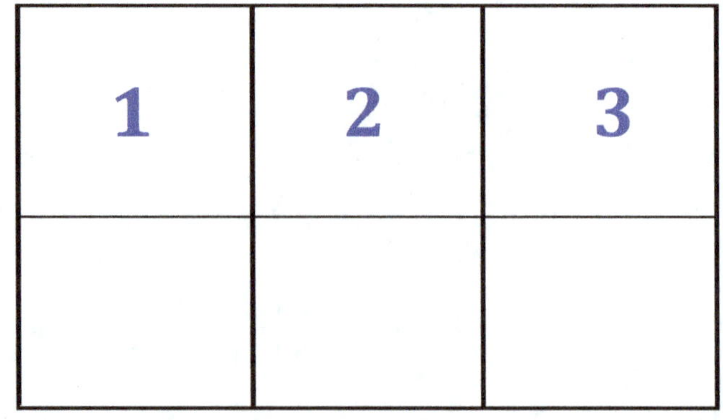

どれが違う方向に立っているのかを見つけてマークしてください。

21

例のように、写真内のカラフルな丸を指でタッチします。
遅いものから速いものまで。

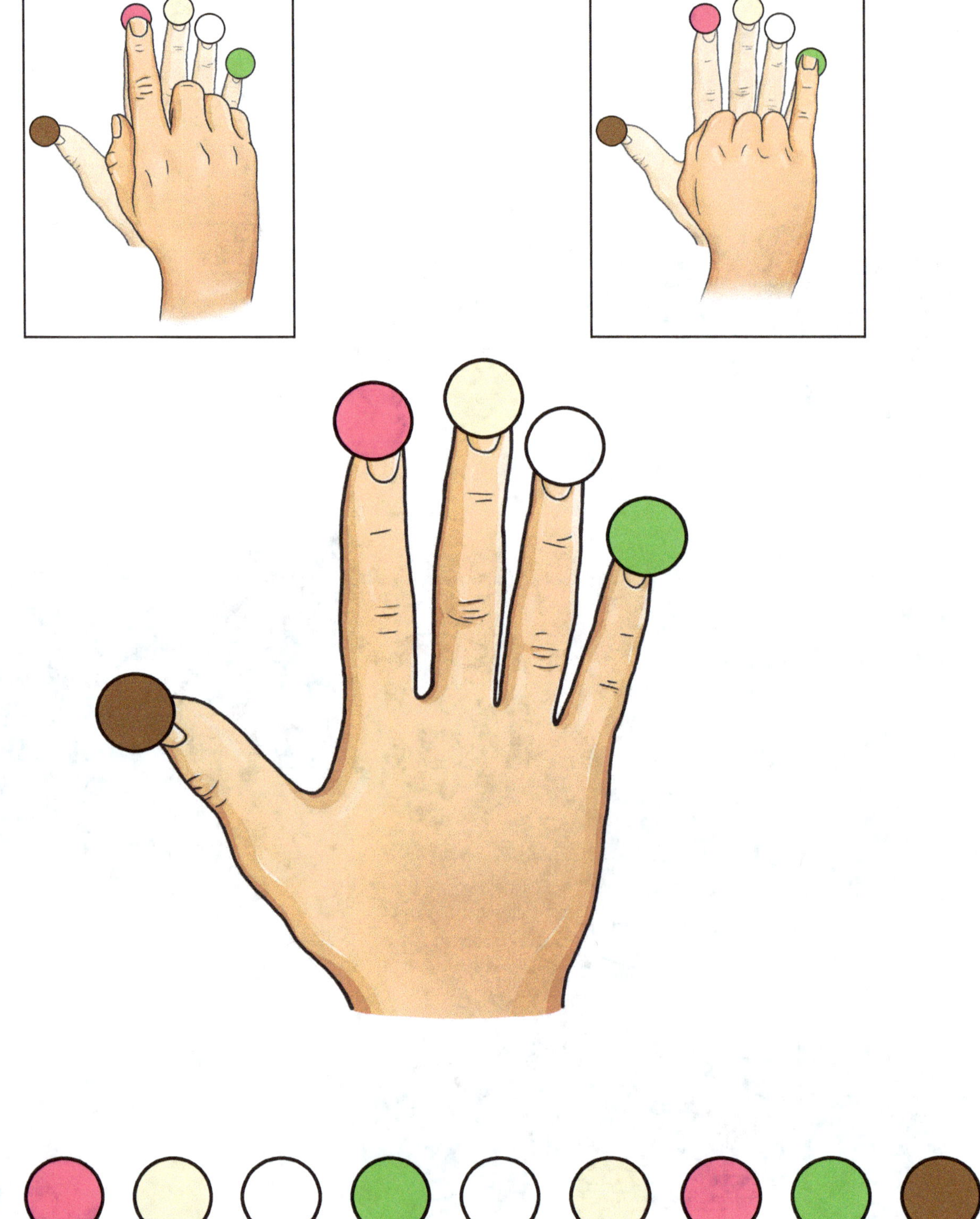

22

このパーツがどのヘリコプターに属しているかを見つけ
てマークします。

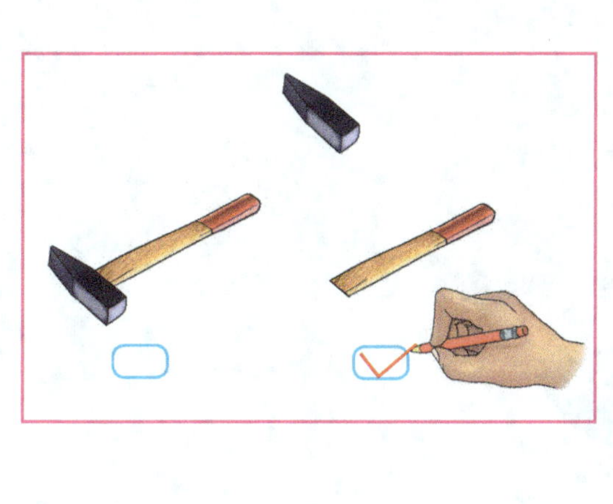

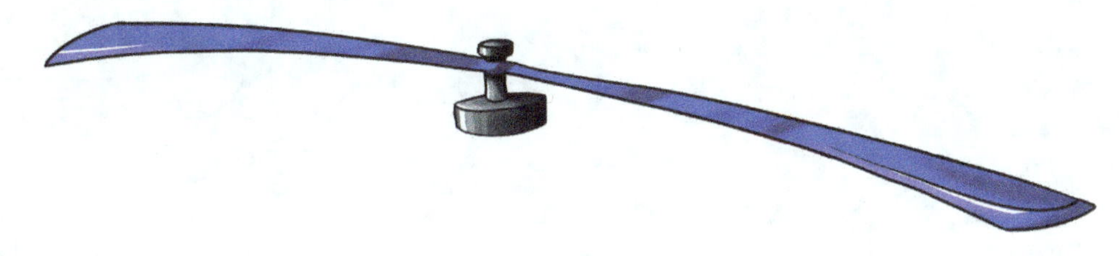

下のボックスにどのオブジェクトが配置されているかを
見つけてマークします。

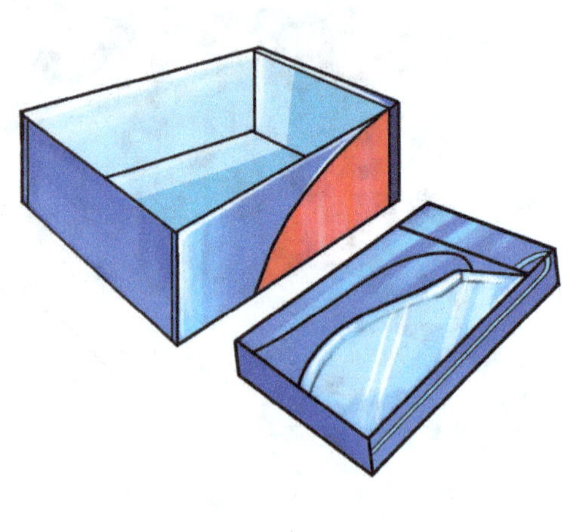

例のようにペンギンと同じ数の魚を描きます。

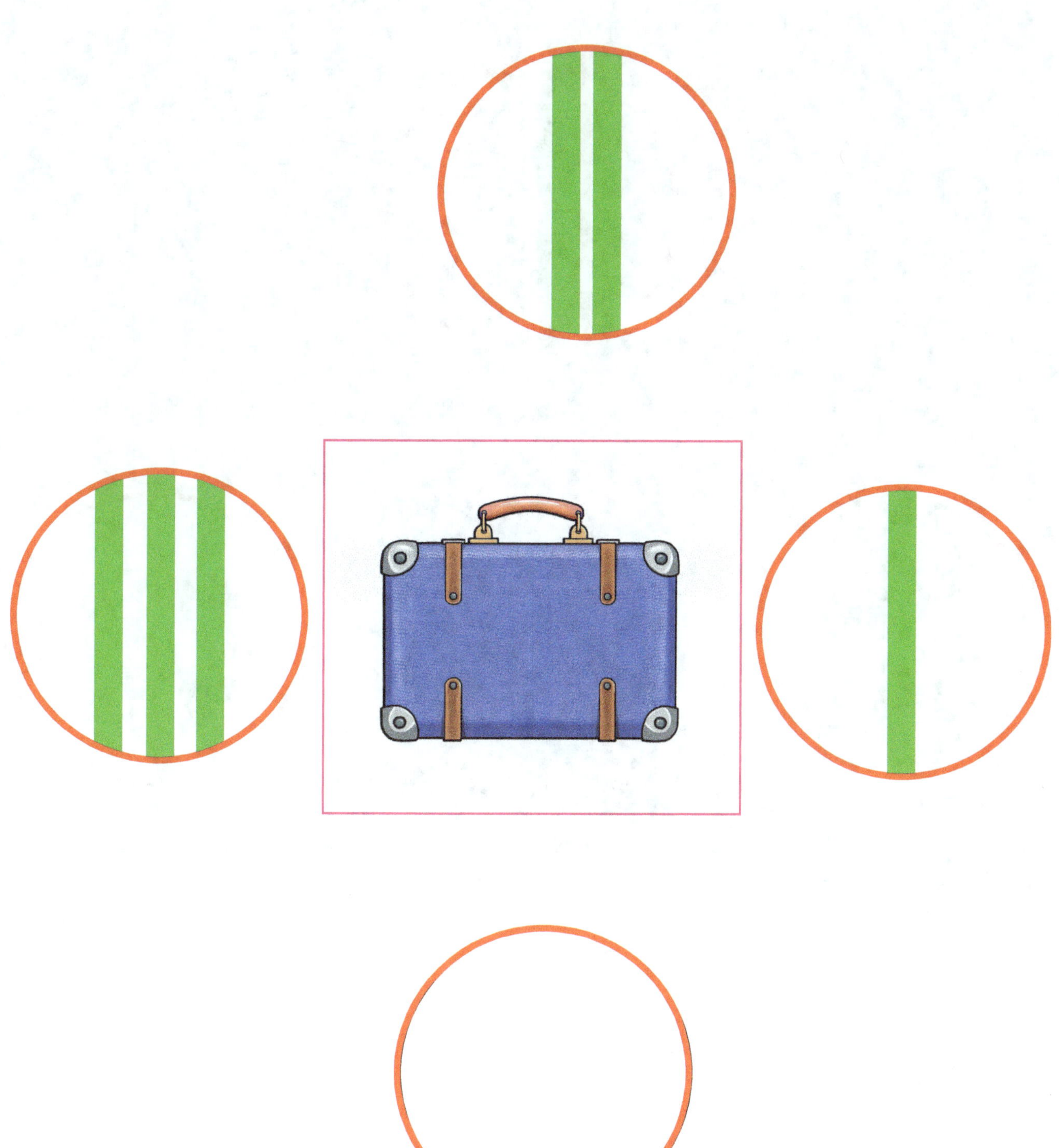

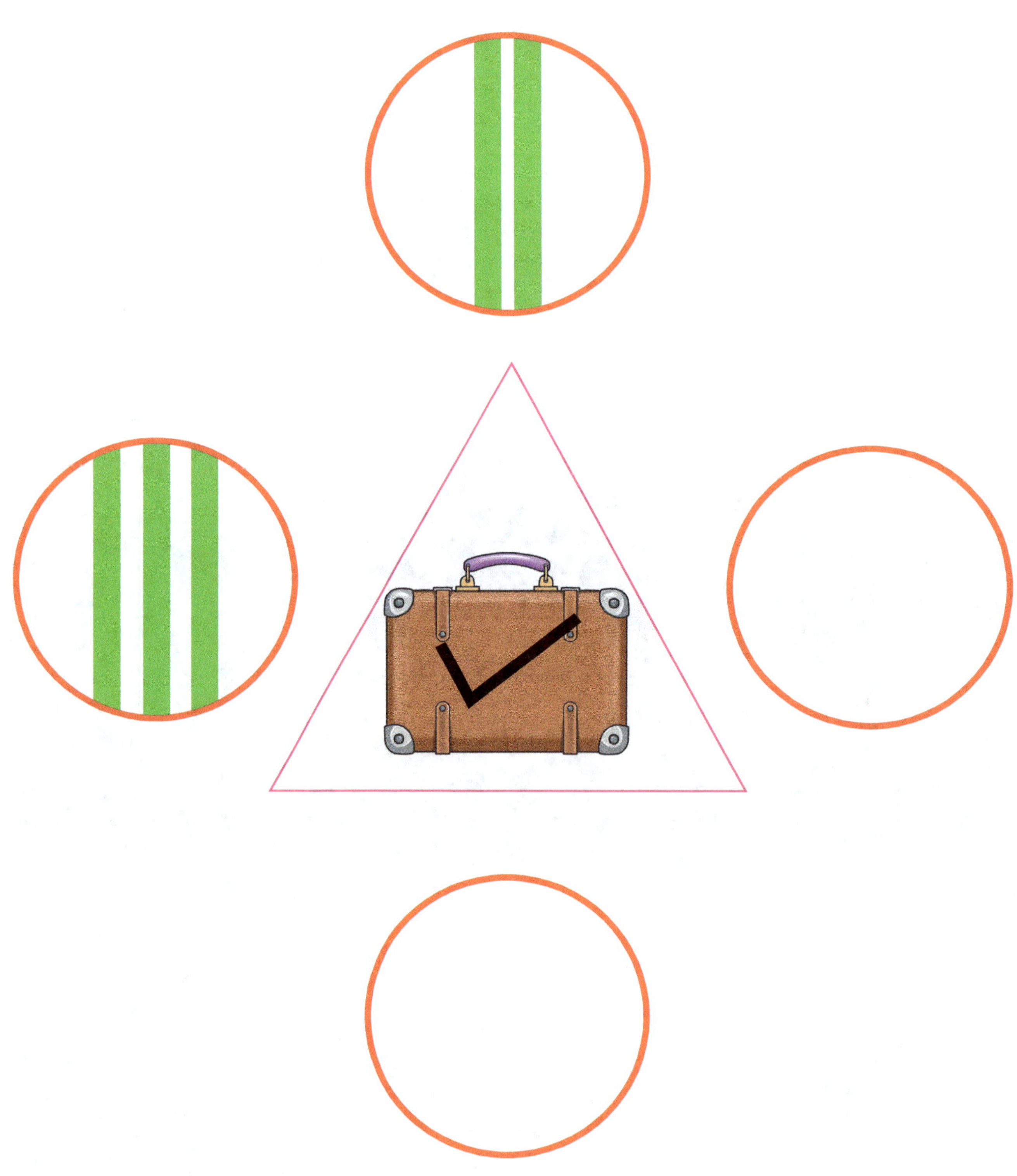

どのティーポットが高さ順に分類されているかを見つけ
てマークします。

29

分離できないオブジェクトを一致させます。

写真の中で色の付いていない扇子の形を見つけてマークを付けます。

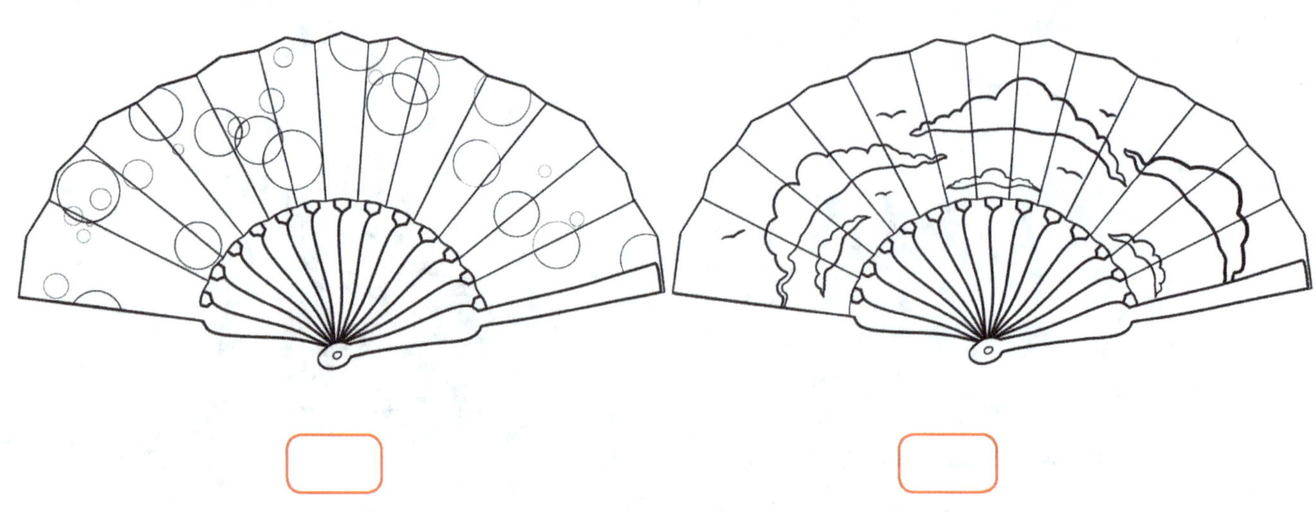